westermann

Diktate 2

Druckschrift

Erarbeitet von

Sabine Willmeroth

Illustriert von

Matthias Berghahn

Inhaltsverzeichnis

Zeichenerklärung

- **1** (voller Kreis) Aufgabe aus dem Anforderungsbereich I
- **1** (gestrichelter Kreis) Aufgabe aus dem Anforderungsbereich II
- **1** (doppelter Kreis) Aufgabe aus dem Anforderungsbereich III

Arbeite im Lernteam.

Scanne den Code und schaue ein Erklärvideo.

Silbenkerne erkennen

Jede Silbe hat einen **Silbenkern**.
Das ist ein Vokal (Selbstlaut), ein Umlaut oder ein Zwielaut.

Vokale: a, e, i, o, u
Umlaute: ä, ö, ü
Zwielaute: au, eu, ei

1 Lies die Wörter. Setze Silbenbögen. Markiere die Vokale.

Apfel	Insel	Blume	dunkel	turnen	laufen
Flügel	hören	Käfer	Raupe	Euro	Stiefel

2 Schreibe die Wörter aus Aufgabe 1 nach dem Abc geordnet auf.

1. Apfel ____ 2. ____ 3. ____ 4. ____

5. ____ 6. ____ 7. ____ 8. ____

9. ____ 10. ____ 11. ____ 12. ____

3 Schreibe die Wörter. Setze Silbenbögen. Markiere die Vokale.

Steine ____ ____ ____

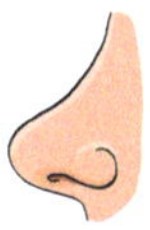 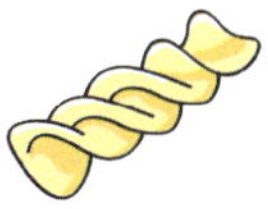  

____ ____ ____ ____

 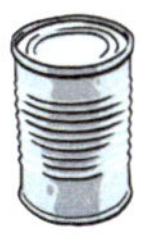  

____ ____ ____ ____

Offene und geschlossene Silben kennen

Endet die **erste Silbe** mit einem **Vokal**, ist diese Silbe **offen**.
Der **Vokal** in der offenen Silbe wird **lang** gesprochen.

Blu me

1 Lies die Wörter. Markiere den Vokal in der ersten Silbe.

Blu me	Ap fel	In sel	dun kel	tur nen	lau fen
Flü gel	hö ren	Kä fer	Rau pe	Eu ro	Spin ne

2 Schreibe die Wörter mit offener Silbe aus 1 auf.

Blume,

3 Kreise in den Wörtern aus Aufgabe 2 die offene, erste Silbe ein.

Endet die **erste Silbe** mit einem **Konsonanten** (Mitlaut),
ist diese Silbe **geschlossen**. Der **Vokal** in der geschlossenen Silbe
wird **kurz** gesprochen.

Ap fel

4 Schreibe die Wörter mit geschlossener Silbe aus Aufgabe 1 auf.

Apfel,

5 Kreise in den Wörtern aus Aufgabe 4 die geschlossene, erste Silbe ein.

Wörter mit ie schreiben

1 Lies die Wörter. Setze Silbenbögen. Markiere **ie**.

Biene Briefe Riese Tiere Wiese Ziege

fliegen liegen fließen sieben spielen vier

2 Schreibe die Wörter. Markiere **ie**.

 Wiese

 ____________

 ____________

 ____________

 ____________

 ____________

Bei Wörtern mit zwei Silben hört man das lange ie sehr gut.

3 Bilde die Mehrzahl. Setze Silbenbögen. Markiere **ie**.

eine Wiese viele Wiesen

eine Biene ____________

ein Riese ____________

eine Ziege ____________

ein Brief ____________

ein Tier ____________

4 Setze Wörter aus Aufgabe 1 passend ein.

Der  ____________ hat  ____________

 ____________.

 ____________ kleine  ____________

summen über die  ____________.

Wörter mit ie schreiben

1 Schreibe in der Er-Form. Markiere **ie**.

fliegen – er fliegt　　liegen – ________　　sieben – ________

spielen – ________　　fließen – ________　　lieben – ________

2 Schreibe die Sätze ab. Markiere **ie**.

Der Riese liebt Ziegen.

____

Vier Briefe liegen auf der Wiese.

____

Viele Bienen fliegen über vier Tiere.

____

Viele Tiere liegen mit Briefen auf der Wiese.

____

3 Finde die Reimwörter. Markiere **ie**.

fliegen	fließen	sieben	spielen
liegen	sch	sch	z
b	g	l	
s			

Kann man **ein** Reimwort richtig schreiben, kann man **alle** richtig schreiben.

Wörter mit langem ie und kurzem i schreiben

Ist die erste Silbe **offen**, schreibe ich meistens **ie**. **Zie le**

Ist die erste Silbe **geschlossen**, schreibe ich meistens **i**. **Kis te**

1 Lies die Wörter. Setze Silbenbögen.
Markiere den Vokal in der ersten Silbe.

schieben	finden	zielen	Hilfe	wiegen	Kinder
sitzen	singen	Riese	spielen	Finger	viele

2 Schreibe die Wörter aus Aufgabe 1 geordnet auf. Markiere.

offene Silbe – ie	geschlossene Silbe – i
schieben	finden

3 Setze ein: **ie** oder **i**? Achte auf die offene Silbe.

T___re	s___ben	B___lder	b___nden	W___se	z___len
H___lfe	s___tzen	sch___ßen	K___nder	l___ben	v___le
K___ste	Br___fe	s___ngen	fl___gen	F___nger	Z___ge

V___le B___nen fl___gen ___n d___ W___se.

Wörter mit Qu/qu schreiben

Das **Qu/qu** spricht man **Kw/kw**.

Qualle **quatschen**

1 Lies die Wörter. Markiere **Qu/qu**.

Qualle Quelle Quark Qualm Quatsch Quadrat

quaken quieken quietschen quer quadratisch

2 Schreibe die Wörter aus Aufgabe 1 ab. Markiere **Qu/qu**.

Qualle,

3 Lies die Sätze. Markiere **Qu/qu**.

Der Quark quiekt Quatsch.

Die Qualle in der Quelle quietscht quadratisch.

Das Quadrat quakt quer durch den Qualm.

Hinter einem **Q** oder **q** steht immer ein **u**.

4 Schreibe die Sätze aus Aufgabe 3 ab. Markiere **Qu/qu**.

Wörter mit verstecktem e schreiben: -e

Das **-e** am **Ende des Wortes** hört man nicht deutlich.

Hase

1 Lies die Wörter. Setze Silbenbögen. Markiere **-e** am Wortende.

Blume	Biene	Dose	Raupe	Qualle	Flöte
Wolke	Nase	Steine	Spinne	Tiere	Briefe
Birne	Ziege	Wiese	Stifte	Quelle	Riese

2 Schreibe die Wörter. Markiere **-e** am Wortende.

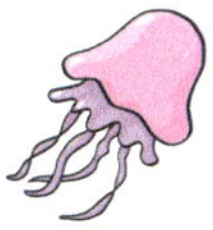

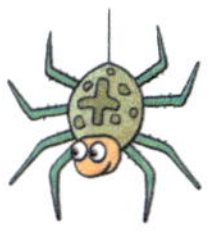

3 Kontrolliert und überarbeitet die Wörter aus Aufgabe 2 gemeinsam.

Wörter mit verstecktem e schreiben: -e

Bei Wörtern mit **-e** am Ende wird die Mehrzahl mit **-n** gebildet.

1 Bilde die Mehrzahl. Markiere **e**.

Einzahl	Mehrzahl	Einzahl	Mehrzahl
eine Blume	viele Blumen	eine Biene	
eine Dose		eine Raupe	
eine Qualle		eine Flöte	
eine Wolke		eine Nase	
eine Spinne		eine Birne	
eine Ziege		eine Wiese	
eine Quelle		eine Riese	

2 Lass dir Wörter mit **-e** am Wortende von einem Partnerkind diktieren.

3 Kontrolliert und überarbeitet die Wörter aus Aufgabe 2 gemeinsam.

4 Finde weitere Wörter mit **-e** am Wortende. Schreibe sie auf. Markiere **-e**.

Wörter mit verstecktem e schreiben: -el, -eln, -en

Das **e** in **-el**, **-eln** und **-en** am Wortende hört man nicht deutlich.

Vogel **schaukeln** **baden**

1 Lies die Wörter. Setze Silbenbögen. Markiere **-el**, **-eln**, **-en**.

Apfel	quaken	Flügel	Spiegel	schaukeln	Tafel
Zwiebel	finden	fliegen	würfeln	liegen	Vogel
Nudel	spiegeln	dunkel	quieken	Igel	Boden
Nebel	Pinsel	Gabel	spielen	Daumen	Insel

2 Schreibe die Wörter geordnet auf. Markiere **-el**, **-eln**, **-en**.

Wörter mit -en am Wortende

quaken,

Wörter mit -el am Wortende

Apfel,

Wörter mit -eln am Wortende

Wörter mit verstecktem e schreiben: -er

Das **e** in **-er** am Wortende hört man nicht deutlich.
Oft klingt das **-er** am Wortende wie **a**.

Eimer

1 Setze Silbenbögen. Markiere **-er** am Wortende.

Eimer	Finger	Käfer	Schwester	Futter
Zucker	Winter	Bruder	Leiter	Butter
Tochter	leider	lecker	Vater	Sommer

2 Unterstreiche in jedem Satz das Wort mit **-er** am Wortende.
Schreibe es mehrmals auf. Markiere **-er**.

Mein Finger blutet. Finger, Finger, Finger

Das ist mein Bruder. ______

Wir haben eine Tochter. ______

Im Winter ist es kalt. ______

Das ist lecker. ______

Ich kann leider nicht. ______

Ich habe eine Schwester. ______

Zucker ist süß. ______

Vater holt mich ab. ______

Magst du Butter? ______

Ich hole die Leiter. ______

Wo ist der Eimer? ______

Im Sommer sind Ferien. ______

Diktat 1: Wörter deutlich und in Silben sprechen

1 Lies die Texte auf Seite 16. Wähle einen Text aus und kreuze an.

◯ Text 1 ◯ Text 2 ◯ Text 3

2 Lass dir den Text diktieren.
Übe mit einem Partnerkind oder nutze den QR-Code.

3 Kontrolliere deinen Text mit der Vorlage auf Seite 16.
Notiere deine Fehlerwörter.

So zufrieden bin ich:

Diktat 1: Texte

Text 1
Im Garten
Bienen fliegen zu den Blumen.
An der Quelle ist ein Vogel.
Er hat eine Raupe.
Ich habe einen leckeren Apfel.
Wir gießen und singen.
Wir schaukeln und spielen.
Wir finden einen Igel auf der Wiese.

Text 2
Im Garten
Viele Bienen fliegen zu den bunten Blumen.
An der Quelle ist ein kleiner Vogel.
Er hat eine Raupe im Schnabel.
Ich habe einen leckeren Apfel und eine Birne.
Wir gießen das Gemüse und singen.
Wir schaukeln, spielen und machen Quatsch.
Wir finden einen braunen Igel auf der Wiese.

Text 3
Im Garten
Viele Bienen fliegen zu den Blumen auf der Wiese.
An der Quelle ist ein Vogel mit Raupen im Schnabel.
Die Zwiebeln liegen im Eimer und auf dem Boden.
Mein Bruder und meine Schwester holen eine Leiter.
Wir gießen, schaukeln, turnen, spielen und machen Quatsch.
Es ist dunkel und wir finden einen Igel auf der Wiese.

Du willst noch mehr üben?
Hier findest du weitere Diktatsätze:

Nomen (Namenwörter) werden großgeschrieben.
Sie haben oft einen **Artikel** (Begleiter).
der, **die**, **das**, **ein**, **eine** sind Artikel.

der Hund – ein Hund

1 Schreibe die Nomen mit Artikel auf. Schreibe sie groß.
Markiere den Anfangsbuchstaben.

 die Insel ____________

 ____________

 ____________

 ____________

____

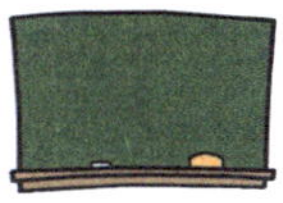 ____________

 ____________

 ____________

2 Kreuze die Nomen an und schreibe sie auf. Schreibe sie groß und markiere.

○ lecker ☒ flügel ○ butter ○ tier

Flügel, ____________

○ leiter ○ leider ○ qualm ○ bruder

____

○ nudel ○ quadrat ○ spiegel ○ fliegt

____

○ käfer ○ boden ○ liegt ○ fenster

____

Nomen erkennen und großschreiben

Viele **Nomen** gibt es in der **Einzahl** (Singular) und in der **Mehrzahl** (Plural).

ein Hund – viele Hunde

1 Schreibe die Nomen auf. Schreibe sie groß. Markiere den Anfangsbuchstaben.

 eine Qualle ____________________

 ____________________

 ____________________

 ____________________

 ____________________

 ____________________

 ____________________

 ____________________

 ____________________

 ____________________

2 Schreibe die Nomen in der Einzahl und Mehrzahl auf.
Markiere den Anfangsbuchstaben.

	Einzahl	Mehrzahl
	ein Brief	viele Briefe

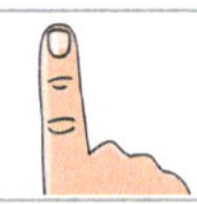		

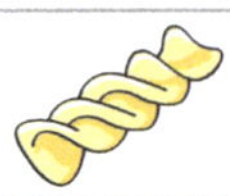		

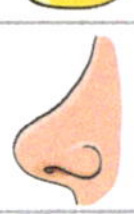		

Nomen mit Schiebewort großschreiben

Vor **Nomen** kannst du ein **Schiebewort** setzen.
Es wird **zwischen** Artikel und Nomen geschoben.

der kleine Hund

1 Unterstreiche das Schiebewort. Markiere das Nomen.

der kleine Vogel — der rote Apfel — die graue Spinne

das offene Fenster — die alte Tüte — die neue Flöte

2 Setze das Schiebewort zwischen Artikel und Nomen.

Achte auf die Großschreibung!

Die 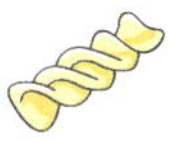 ist lecker. die leckere Nudel

Die  ist spitz. ____________________

Der  ist lang. ____________________

Der  ist voll. ____________________

Die  ist pink. ____________________

Der  ist weiß. ____________________

Die  ist weich. ____________________

Die  ist hart. ____________________

Die  sind bunt. ____________________

3 Finde eigene Schiebewörter.

Die  sind __________. ____________________

Die  sind __________. ____________________

Die  sind __________. ____________________

Nomen mit Schiebewort großschreiben

1 Lies die Schiebewort-Treppen. Markiere die Nomen.
Unterstreiche die Schiebewörter.

der Riese
der große Riese
der große, hungrige Riese
der große, hungrige, dicke Riese

die Murmel
die bunte Murmel
die bunte, gläserne Murmel
die bunte, gläserne, runde Murmel

das Boot
das kleine Boot
das kleine, wackelige Boot
das kleine. wackelige, alte Boot

2 Ergänze immer ein Nomen in den Schiebewort-Treppen.

das ______
das kleine ______
das kleine, schnelle ______
das kleine, schnelle, neue ______

die ______
die alte ______
die alte, nette ______
die alte, nette, lustige ______

der ______
der graue ______
der graue, schwere ______
der graue, schwere, harte ______

Satzanfänge großschreiben

Das **erste Wort** im Satz ist der **Satzanfang**.
Der Satzanfang wird immer **großgeschrieben**.

Der Hund bellt am Zaun.

1 Lies die Sätze. Markiere die Satzanfänge.

Unser Vater kocht heute Nudeln mit Soße.
Oma macht Tomatensalat dazu.
Die Tomaten sind aus dem Garten.
Ich decke den Tisch in der Küche.
Meine Schwester will nicht helfen.
Opa schaut in Papas Töpfe.
Unsere Mutter kommt spät nach Hause.

2 Setze die Satzanfänge ein. Schreibe sie groß.

nach	Nach	dem Essen möchte keiner abwaschen.
oma	____________	möchte lieber lesen.
unsere	____________	Mutter ist zu müde.
mein	____________	Vater hat das Essen gekocht.
ich	____________	habe den Tisch gedeckt.
opa	____________	hat nur in die Töpfe geschaut.
meine	____________	Schwester wollte nicht helfen.
also	____________	müssen Opa und meine Schwester spülen.

3 Markiere die Satzanfänge in Aufgabe 2.

Satzanfänge großschreiben: Aussagesatz

Jeder **Satz endet** mit einem Satzschlusszeichen.
Ein **Aussagesatz** endet mit einem **Punkt**.

Die Katze schnurrt laut.

1 Lies die Sätze. Markiere die Satzanfänge und die Punkte.

Mein Opa baut im Garten einen Stall.

Er sagt uns nichts.

Wir wollen wissen, wer dort wohnen soll.

2 Schreibe die Sätze richtig auf. Setze Punkte.
Schreibe die Satzanfänge groß und markiere.

aber Opa lacht nur

Aber Opa lacht nur.

wir fragen unsere Oma

sie holt einen Wassernapf

wir sollen Löwenzahn pflücken

wir überlegen und raten

Satzanfänge großschreiben: Fragesatz

Jeder **Satz endet** mit einem Satzschlusszeichen.
Ein **Fragesatz** endet mit einem **Fragezeichen**.

Warum bellt der Hund?

1 Lies die Sätze. Markiere die Satzanfänge und die Fragezeichen.

Ist der Stall für ein Haustier?

Bekommen wir ein Meerschweinchen?

Wer frisst gerne Löwenzahn?

2 Schreibe Sätze richtig auf.
Setze Fragezeichen und schreibe die Satzanfänge groß.

wo ist das Tier

Wo ist das Tier?

ist es irgendwo versteckt

bringt Papa es heute Abend mit

3 Überarbeite die Satzanfänge und Satzschlusszeichen im Text.

U
unser Papa kommt und hat zwei süße Kaninchen .

wir bekommen jeder ein eigenes Tier

wie sollen wir die beiden nennen

meine Schwester und ich überlegen Namen

mein Kaninchen soll Floppi heißen

Satzanfänge großschreiben: Ausruf und Aufforderung

Jeder **Satz endet** mit einem Satzschlusszeichen.
Der **Ausruf** und die **Aufforderung** enden mit einem **Ausrufezeichen**.

Super! Oh, nein! Komm mit! Pass auf!

1 Lies die Sätze. Markiere die Satzanfänge und die Ausrufezeichen.

Juhu, wir haben Haustiere!

Los! Überlege dir einen Namen!

Hurra, ich habe einen Namen!

Eine **Aufforderung** erkennt man daran, dass jemand etwas tun soll.

2 Schreibe Sätze richtig auf.
Setze Ausrufezeichen und schreibe die Satzanfänge groß.

macht den Stall bitte sauber

Macht

halt mal bitte Floppi fest

aua, Floppi hat mich gekratzt

3 Überarbeite die Satzanfänge und Satzschlusszeichen im Text.

Z
~~z~~uerst tauschen wir das Stroh aus .

nimm bitte mal den Wassernapf

wo sind die Möhren und das Heu

jetzt fühlen sich die Kaninchen wohl

wie schön

Diktat 2: Nomen und Satzanfänge großschreiben

1 Lies die Texte auf Seite 26. Wähle einen Text aus und kreuze an.

◯ Text 1 ◯ Text 2 ◯ Text 3

2 Lass dir den Text diktieren.
Übe mit einem Partnerkind oder nutze den QR-Code.

3 Kontrolliere deinen Text mit der Vorlage auf Seite 26.
Notiere deine Fehlerwörter.

So zufrieden bin ich:

Diktat 2: Texte

Text 1
Omas Kater
Unsere Oma hat einen Kater.
Er liegt gern auf dem Sofa.
Wenn es dunkel ist, möchte er raus.
Er miaut laut vor der Tür.
Oma macht die Tür auf.
Am Morgen hat der Kater eine tote Maus.

Text 2
Der neue Stall
Mein Opa baut im Garten einen Stall.
Wir wollen wissen, für wen Opa baut.
Er sagt uns aber nichts.
Opa lacht nur.
Wir fragen Oma.
Sie holt Gemüse und altes Brot.
Wir raten.
Ist es ein Hase? Ist es ein Hamster?
Papa hat zwei Kaninchen.

Text 3
Opas Kater
Unser Opa hat einen alten schwarzen Kater.
Der schläft gern auf dem Sofa.
Wenn es dunkel ist, will der Kater nach draußen.
Er steht dann vor der Tür und miaut laut.
Opa macht ihm die Tür auf.
Sofort läuft der Kater los.
Nachts besucht er seine Katzenfreunde.
Am Morgen bringt er Opa eine tote Maus mit.

Du willst noch mehr üben?
Hier findest du weitere Diktatsätze:

Nomen mit d/t am Ende schreiben

Bei **Nomen**, die mit **-d** oder **-t enden**, hört man immer ein **t**.
Man muss **verlängern**, um das Wortende genau zu hören.
Bei **Nomen** bildet man dafür die Mehrzahl.

viele Brote – ein Brot, viele Hunde – ein Hund

1 Lies die Nomen. Markiere **-d** am Wortende.

Bad Bild Feld Freund Geld Hand
Hemd Hund Kind Kleid Lied Mund
Pferd Rad Sand Wald Wind

Wenn man ein Wort **verlängert**, hört man, ob das Wort mit **-d** oder **-t** endet.

2 Bilde die Mehrzahl der Nomen. Schreibe die Einzahl. Markiere **d**.

	Mehrzahl	Einzahl
	viele Bilder	ein Bild

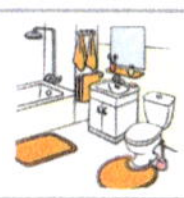	viele Bäder	
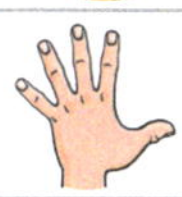	viele Hände	
	viele Räder	
	viele Wälder	

Hier wird aus **a** in der Mehrzahl **ä**!

2 Entscheide: **-d** oder **-t**?
Untersuche die Nomen. Streiche durch und schreibe.

Sala ~~d~~/t	viele Salate, ein Salat
Freun d/t	
Klei d/t	
Hu d/t	
Bro d/t	
Mon d/t	
Lie d/t	
Stif d/t	
Her d/t	
Hef d/t	
Mun d/t	viele Münder,
Bar d/t	viele Bär
As d/t	viele Äs

3 Entscheide: **-d** oder **-t**? Schreibe die Nomen richtig auf.

Gel● ____________	Ban● ____________
Hef● ____________	Her● ____________
Gesich● ____________	Mona● ____________
Aben● ____________	San● ____________

Nomen mit g/k am Ende schreiben

Bei **Nomen**, die mit **-g** oder **-k enden**, hört man immer ein **k**.
Man muss **verlängern**, um das Wortende genau zu hören.
Bei **Nomen** bildet man dafür die Mehrzahl.

viele Berge – ein Berg, viele Geschenke – ein Geschenk

1 Lies die Nomen. Markiere **g** am Wortende.

Berg Burg König Tag Weg Zug
Ring Übung Zwerg Montag Dienstag
Donnerstag Freitag Samstag Sonntag

Wenn man ein Wort **verlängert**, hört man, ob das Wort mit **-g** oder **-k** endet.

2 Schreibe die Nomen in der Mehrzahl und Einzahl auf. Markiere **-g** am Wortende.

	Mehrzahl	Einzahl
	viele Tage	ein Tag

3 Schreibe die Wochentage in der richtigen Reihenfolge auf.

Nomen mit g/k am Ende schreiben

1 Entscheide: **-g** oder **-k**?
Untersuche die Nomen. Streiche durch und schreibe.

Geschen g/k	viele Geschenke, ein Geschenk
Schran g/k	
Gelen g/k	
Wer g/k	
Übun g/k	
Geträn g/k	
Ban g/k	viele Bänke,

2 Entscheide: **-g** oder **-k**? Setze ein.

Zü__e	Schrän__e	Übun__en	Flü__e	Ber__e	Zwei__e
Köni__e	Geschen__e	Bän__e	Ta__e	Rin__e	Bur__en
We__e	Monta__e	Fahrzeu__e	Geträn__e	Zwer__e	Ban__en

3 Entscheide: **-g** oder **-k**? Schreibe die Nomen richtig auf.

Sar● ________	We● ________
Tran● ________	Erfol● ________
Katalo● ________	Kru● ________
Schla● ________	Anzu● ________

Nomen mit b/p am Ende schreiben

Bei Nomen, die mit **-b** oder **-p enden**, hört man immer ein **p**.
Man muss **verlängern**, um das Wortende genau zu hören.
Bei **Nomen** bildet man dafür die Mehrzahl.

die Diebe – ein Dieb, die Mikroskope – ein Mikroskop

1 Lies die Nomen. Markiere **b** am Ende.

Dieb   Korb   Stab   Sieb   Urlaub

2 Schreibe die Nomen in der Mehrzahl und in der Einzahl auf.
Markiere **-b** am Wortende.

 viele Diebe, ein Dieb ____________

 viele ____________________

 viele ____________________

 viele ____________________

Wenn man ein Wort **verlängert**, hört man, ob das Wort mit **-b** oder **-p** endet.

3 Entscheide: **-b** oder **-p**? Untersuche die Nomen. Streiche durch und schreibe.

Urlau p/b ____________________

Kal p/b ____________________

Mikrosko p/b ____________________

4 Entscheide: **-b** oder **-p**? Setze ein.

Kör___e   Stä___e   Mikrosko___e   Sie___e

Die___e   Urlau___e   Käl___er

Im Urlau___ klaut der Die___ ein Kal___, einen Sta___ und ein Sie___.

Nomen mit d/t, g/k, b/p am Ende schreiben

1 Lies die Sätze. Markiere die Wörter mit **-d**, **-b** oder **-g** am Wortende.

Der Dieb macht einen Tag Urlaub und fährt mit dem Zug.
Auf der Burg trägt der König einen teuren Ring.
Der Hund hat einen Zweig im Mund und rennt auf seinem Weg.
Ein Zwerg hat Sand in einem Sieb und siebt Gold heraus.
Ein Pferd und ein Hund traben fröhlich durch den Sand.
Im Wald findet das Kind ein Kleid und ein Bild.

2 Achtung Fehler! Schreibe das Wort mehrmals richtig auf.

Am Montak habe ich frei. Montag, Montag, Montag

Das ist mein Hunt. __________

Wir haben ein Kalp. __________

Im Zuk war es kalt. __________

Der Sant ist warm. __________

Der Wint ist stark. __________

Das Kleit ist schmutzig. __________

Ich habe kein Gelt. __________

Wo ist dein Freunt? __________

Der Mont ist rund. __________

Ich habe ein Pfert. __________

Das ist ein Zauberstap. __________

Der Korp ist kaputt. __________

Ein Zwerk ist oft klein. __________

Das Siep ist neu. __________

Adjektive mit d, g, b am Ende schreiben

1 Lies die Adjektive. Markiere **-d**, **-b**, **-g** am Wortende.

blöd rund fremd blind wild blond gesund wund

gelb lieb taub halb

klug lang arg billig schräg

2 Ergänze passende Adjektive aus Aufgabe 1 als Schiebewort vor den Nomen.

Der ________________ Hund bellt laut.

Cedrik übt eine ________________ Sprache.

Oma liebt ________________ Blumen.

Ich streichele die ________________ Katze.

Das ________________ Seil hängt am Baum.

Der ________________ Ball gehört dem ________________ Mädchen.

Mein ________________ Freund rechnet die Aufgabe.

Ich gebe dem ________________ Pferd einen ________________ Apfel.

Meine ________________ Haut tut weh, ich habe mich gekratzt.

Unsere ________________ Nachbarin kommt zu Besuch.

Mama hängt das ________________ Bild wieder gerade.

Die ________________ Stunde nach dem Abendessen mag ist sehr gern.

Ein Held hilft den Menschen aus ________________ Not.

Mein Bruder zeichnet viele ________________ Kreise auf ein Blatt Papier.

Über den ________________ Witz muss ich sehr lachen.

Adjektive mit d, g, b am Ende schreiben

1 Verlängere die Adjektive. Markiere.

	wild	der wil**d**e Hund
	gesund	das
	trüb	
	gelb	
	fremd	
	blöd	
	lang	
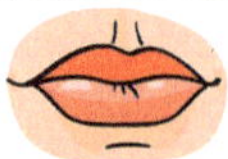	rund	
	taub	
	halb	
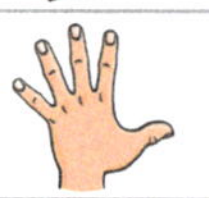	wund	

2 Lass dir Wörter aus diesem Kapitel von einem anderen Kind diktieren.

3 Kontrolliert gemeinsam.

Diktat 3: Wörter verlängern

1 Lies die Texte auf Seite 36. Wähle einen Text aus und kreuze an.

◯ Text 1 ◯ Text 2 ◯ Text 3

2 Lass dir den Text diktieren.
Übe mit einem Partnerkind oder nutze den QR-Code.

3 Kontrolliere deinen Text mit der Vorlage auf Seite 36.
Notiere deine Fehlerwörter.

So zufrieden bin ich:

Diktat 3: Texte

Text 1
Der goldene Ring
Der König sucht seinen Ring.
Der Ring ist aus Gold.
Die Steine sind rund, gelb, grün und blau.
Er schaut in jeden Schrank auf der Burg.
Dort findet er ein Kleid und sein Geld.
Hat ein Dieb den Ring geklaut?

Text 2
Der goldene Ring
Der König sucht seinen Ring.
Der Ring ist aus Gold.
Die Steine sind rund, gelb, grün und blau.
Er schaut in jeden Schrank auf der Burg.
Dort findet er nur ein Kleid und sein Geld.
Hat ein Dieb den Ring geklaut?
Das wäre richtig blöd.
Der König geht in den Park.
Auf dem Weg im Sand findet er seinen Ring.

Text 3
Der goldene Ring
Der König sucht den ganzen Tag seinen Ring.
Der Ring ist aus Gold und war ein Geschenk.
Die Steine sind rund, gelb, grün und blau.
Er schaut in jeden Schrank und jeden Korb auf der Burg.
Dort findet er ein Kleid, einen Zwerg aus Ton und sein Geld.
Hat ein Dieb den Ring geklaut?
Das wäre arg blöd.
Der König ist traurig und geht in den Park.
Der Hund läuft mit und sucht wie wild.
Auf dem Weg im Sand findet der Hund den Ring.

Du willst noch mehr üben?
Hier findest du weitere Diktatsätze:

Nomen mit doppelten Konsonanten schreiben

In Wörtern mit doppelten **Konsonanten** (Mitlauten) wird der **Vokal** in der ersten Silbe **kurz** gesprochen. Die erste Silbe ist **geschlossen**.

Wasser Sonne Treppe

1 Lies die Nomen. Setze Silbenbögen. Markiere die doppelten Konsonanten.

Affe	Butter	Donner	Ebbe	Füller
Hammer	Himmel	Kissen	Klasse	Mutter
Suppe	Pommes	Puppe	Stoffe	Sommer
Sonne	Teddy	Wasser	Wetter	Zimmer

2 Schreibe die Nomen geordnet auf.

Nomen mit bb

Nomen mit dd

Nomen mit ff Affe

Nomen mit ll

Nomen mit mm

Nomen mit nn

Nomen mit pp

Nomen mit ss

Nomen mit tt

Nomen mit doppelten Konsonanten schreiben

1 Finde die Reimwörter. Markiere.

Kann man **ein** Reimwort richtig schreiben, kann man **alle** richtig schreiben.

Ball	Butter	Puppe	Tanne
F___	M___	S___	K___
St___	F___	Sch___	W___
Kn___	K___	Gr___	Pf___

2 Schreibe die Mehrzahl.
Markiere die doppelten Konsonanten.

	Einzahl	Mehrzahl
	ein Blatt	viele Blätter
		viele Bälle

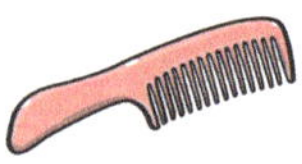		viele Kämme

		viele Lämmer
		viele Küsse

Wörter mit doppelten Konsonanten schreiben

1 Lies die Wörter. Markiere die doppelten Konsonanten.

bitten essen fallen füllen kennen kommen
können müssen rennen rollen stellen wollen
hell nett still toll schnell voll

2 Schreibe in verschiedenen Formen. Markiere.

bitten wir bitten, ich bitte, er bittet ______________________

füllen ______________________

kennen ______________________

kommen ______________________

rennen ______________________

rollen ______________________

stellen ______________________

3 Schreibe in verschiedenen Formen. Markiere.

essen wir essen, ich esse, er isst ______________________

fallen ______________________

können ______________________

müssen ______________________

wollen ______________________

Achtung: unregelmäßige Formen!

Wörter mit doppelten Konsonanten schreiben

1 Schreibe die Adjektive. Setze Silbenbögen.
Markiere die doppelten Konsonanten.

	hell	die helle Sonne
	nett	die
	still	das
	toll	der
	schnell	das
	voll	die

2 Ergänze das Verb in der richtigen Form.
Markiere die doppelten Konsonanten.

rennen	Moritz rennt schnell zum Ball.
rollen	Die tollen Murmeln weg.
kennen	Die nette Mutter uns gut.
wollen	Wir mit dem Teddy spielen.
kommen	Er schnell ins Zimmer.
bitten	Ich um ein volles Glas Wasser.
wissen	Wir nicht mehr, was wir mitbringen sollen.
fallen	Plötzlich alle Fahrräder um.
sollen	Milena ihr Zimmer aufräumen.

Wörter mit ck schreiben

Man **hört kk** und **schreibt ck**. Der **Vokal** vor ck ist **kurz**.

Wecker, backen

1 Lies die Wörter. Markiere **ck**.

Hecke Jacke Rock Rücken Schnecke Decke lecker

Socke Zucker backen schmecken packen schicken

2 Schreibe die Wörter. Markiere **ck**.

 Schnecke

 ____________

 ____________

 ____________

____

 ____________

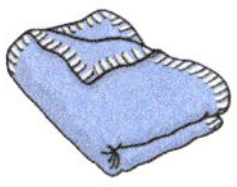 ____________

 ____________

3 Finde die Reimwörter. Markiere **ck**.

Hecke	Rücken	Jacke	Socke
D____	Br____	H____	Fl____
Z____	M____	Z____	L____

Kann man **ein** Reimwort richtig schreiben, kann man **alle** richtig schreiben.

4 Schreibe in verschiedenen Formen. Markiere **ck**.

backen ich backe, du backst, er ____________

schmecken ich ____________

packen ____________

schicken ____________

Wörter mit ck schreiben

1 Finde die Reimwörter. Markiere **ck**.

backen	schmecken	schicken
packen	w	p
kn	l	bl

Kann man **ein** Reimwort richtig schreiben, kann man **alle** richtig schreiben.

2 Schreibe die Sätze.

Mama backt  mit 

.

Ich ziehe die  und den  an.

Die  kriecht unter die  .

Mir juckt der Arm wegen der 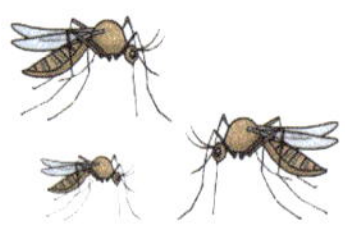 .

Ich habe einen neuen  bekommen.

Oma schickt mir eine neue  .

Ich verstecke den  unter dem  .

Wörter mit tz schreiben

Man **hört zz** und **schreibt tz**. Der **Vokal** vor tz ist **kurz**.

Katze, witzig

1 Lies die Wörter. Markiere **tz**.

Katze Mütze Schatz Satz
Spitze Platz putzen sitzen

2 Schreibe die Nomen. Markiere **tz**.

 Spielplatz

 ______

 ______

 ______

 ______

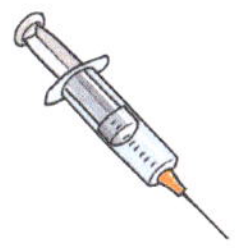 ______

3 Finde die Reimwörter. Markiere **tz**.

Spitze	Katze	Satz	Mütze
Hitze	T	Sch	Pf
Bl	Fr	Pl	
W			

4 Schreibe in verschiedenen Formen. Markiere **tz**.

putzen wir putzen, ich putze, er ______

sitzen wir ______

platzen ______

Wörter mit tz schreiben

1 Finde die Reimwörter. Markiere **tz**.

putzen — n____
spritzen — fl____
kratzen — pl____
setzen — p____

schützen — n____
motzen — tr____
sitzen — schw____

Kann man **ein** Reimwort richtig schreiben, kann man **alle** richtig schreiben.

2 Schreibe in der Du-Form. Markiere **tz**.

putzen du putzt
kratzen du ____
schützen du ____
sitzen du ____
platzen du ____
nützen du ____
petzen du ____
hetzen du ____
blitzen du ____
glotzen du ____

spritzen du spritzt
setzen du ____
motzen du ____
flitzen du ____
schwitzen du ____
nutzen du ____
trotzen du ____

Achte auf das **t** am Wortende.

3 **tz** oder **z**? Setze ein.

Die Ka____e Murmel kra____t sich mit der Ta____e am Schwan____.

Ich springe mit einem Sa____ in die Pfü____e und spri____e.

In der Hi____e se____en wir keine Kapu____e auf. Wir schwi____en.

Diktat 4: Wörter mit doppelten Konsonanten, ck, tz schreiben

1 Lies die Texte auf Seite 46. Wähle einen Text aus und kreuze an.

◯ Text 1 ◯ Text 2 ◯ Text 3

2 Lass dir den Text diktieren.
Übe mit einem Partnerkind oder nutze den QR-Code.

3 Kontrolliere deinen Text mit der Vorlage auf Seite 46.
Notiere deine Fehlerwörter.

So zufrieden bin ich:

Diktat 4: Texte

Text 1
Nach der Schule
Wir wollen Suppe essen.
Ich renne und hole Teller und Löffel.
Mama füllt die Suppe auf.
Lina soll essen und dann ins Bett.
Sie hat die Puppe und den Teddy.
Papa stellt den Wecker.
Lina meckert über das Kissen.
Sie bittet um ein Glas Wasser.

Text 2
Im Sommer
Die Sonne scheint im Sommer hell vom Himmel.
Alle schwitzen und motzen über das Wetter.
Wir wollen ins Wasser und schwimmen.
Wir spritzen uns nass. Ich zucke zusammen.
Das Wasser ist kalt an meinem nackten Rücken.
Wir schwimmen, bis wir nicht mehr können.
Mama sitzt auf der Decke und sonnt sich.
Wir rennen und fallen auf die Decke.
Mama packt leckere Waffeln aus.

Text 3
Im Keller
Wir wollen den Keller aufräumen. Alle müssen helfen.
Meine Schwester setzt sich in die Ecke und motzt über die Spinnen.
Papa stellt alle alten Sachen an den Müll.
Wir finden einen platten Ball, eine Schüssel, alte Bretter,
einen Teddy und eine nackte Puppe. Mama findet Decken,
Jacken, Stoff, ein Fell und einen Sessel mit Kissen.
Wir putzen und flitzen und schwitzen.
In einer Ecke finde ich Schätze. Da ist ein kleiner Koffer mit Schlüssel.
Darin finde ich Wolle und spitze Nadeln. Damit kann man Socken stricken.

Du willst noch mehr üben?
Hier findest du weitere Diktatsätze:

Wortstamm von Verben erkennen

Alle **Verben** haben eine **Grundform**. Sie endet meistens auf **en**.
en ist ein **Wortbaustein**.
Der Wortteil, der bei den Verben häufig gleichbleibt, heißt **Wortstamm**.
Der **Wortstamm** ist der wichtigste **Wortbaustein**.

malen, hören

1 Lies die Verben. Markiere den Wortstamm.

baden schauen bauen schenken machen bleiben kaufen
bringen danken fangen sparen finden schreiben
pflanzen fragen scheinen freuen geben haben warten
halten schlafen holen springen trinken hören
denken kleben reisen kochen rufen lesen malen
pflegen rechnen reden singen lernen sagen schlagen
schneiden suchen tragen waschen zeigen

2 Schreibe Verben aus Aufgabe 1 geordnet auf. Markiere den Wortstamm.

Verben mit b: baden,

Verben mit l:

Verben mit h:

Verben mit k:

Verben mit f:

Verben mit r:

Verben mit w:

Verben mit t:

Personalformen von Verben schreiben

Verben verändern ihre Form, je nachdem welche Person etwas tut.
Das nennt man **Personalformen**.

ich male, du malst, er/sie/es malt,
wir malen, ihr malt, sie malen

e, st, t, en sind **Wortbausteine.**

1 Lies die Verben. Markiere den Wortstamm.

ich	höre	lerne	baue	rufe
du	hörst	lernst	baust	rufst
er/sie/es	hört	lernt	baut	ruft
wir	hören	lernen	bauen	rufen
ihr	hört	lernt	baut	ruft
sie	hören	lernen	bauen	rufen

2 Fülle die Tabelle aus. Markiere den Wortstamm.

ich	denke	hole	sage
du			
er/sie/es			
wir			
ihr			
sie			

Personalformen von Verben schreiben

1 Fülle die Tabelle aus. Markiere den Wortstamm.

ich	klebe	schenke	singe
du			
er/sie/es			
wir			
ihr			
sie			

2 Fülle die Tabelle aus. Markiere den Wortstamm.

ich	springe	koche	zeige
du			
er/sie/es			
wir			
ihr			
sie			

3 Ergänze die fehlenden Personalformen.

ich		
du	antwortest	
er/sie/es		arbeitet
wir		

Personalformen von Verben schreiben

1 Fülle die Tabelle aus. Markiere den Wortstamm.

ich	male	bleibe	danke
du			
er/sie/es			
wir			
ihr			
sie			

ich	suche	sage	schreibe
du			
er/sie/es			
wir			
ihr			
sie			

2 Fülle die Tabelle aus. Markiere den Wortstamm.

ich	teile		
er/sie/es			
wir		gehen	
sie			wünschen

Wortbausteine bei Verben verwenden

Vorangestellte Wortbausteine verändern die Bedeutung von Verben.

an, ab, aus → anmalen, abmalen, ausmalen

1 Lies die Verben und kreise die vorangestellten Wortbausteine ein.

anmalen wegschneiden aufkleben mitarbeiten vorkochen
verschreiben vorsingen beantworten austrinken abholen
mitdenken ablesen zuschauen verschlafen nachgeben

2 Bilde mit den Wortbausteinen Verben. Kreise die vorangestellten Wortbausteine ein.

schneiden

ab abschneiden

aus ____________________

durch ____________________

ein ____________________

zer ____________________

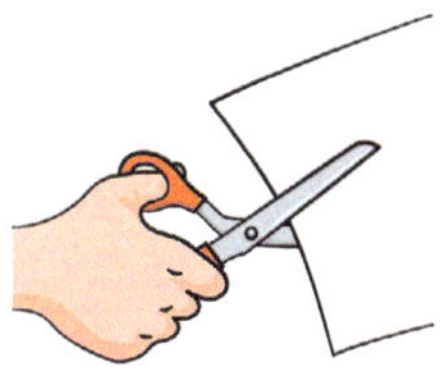

bauen

ab abbauen

aus ____________________

auf ____________________

ein ____________________

um ____________________

Wortbausteine bei Verben verwenden

1 Bilde Verben. Schreibe sie auf und markiere.

an	ab	aus	auf	ver	zu	nach	mit	über	+	geben

angeben,

an	ab	auf	ver	nach	mit	über	+	schreiben

ab	ver	nach	mit	vor	über	durch	+	lesen

2 Setze passende Wortbausteine ein.

ein	weg	aus	ab	mit	vor	ver

Am Wochenende möchte Leni ______schlafen.

Oma und Opa wollen ______fahren. Lukas soll in der Deutscharbeit nicht ______schreiben. Nils muss bei der Hausarbeit ______helfen.

Eren kann heute das Gedicht ______tragen.

Lilo will einen Sticker in ihr Heft ______kleben.

Jens hat ein anderes Ergebnis, er hat sich ______rechnet.

Wortbausteine bei Verben verwenden

Einige Wortbausteine trennen sich im Satz vom Verb.

mithelfen: Nils hilft im Haushalt mit.

1 Bilde die Personalform und schreibe auf.

abmalen	Inga ________________ eine Blume ________.
austrinken	Ich ________________ den Saft ________.
abfragen	Frau Milz ________________ Vokabeln ________.
vorkochen	Papa ________________ für Dienstag ________.
abkleben	Der Maler ________________ die Fenster ________.
aufschreien	Niko ________________ plötzlich laut ________.
aussuchen	Wir ________________ uns etwas ________.
nachdenken	Opa ________________ in Ruhe ________.
mitgeben	Ich ________________ meinem Freund ein Foto ________.
zusagen	Herr Berg ________________ meinem Vater ________.
nachrufen	Kim ________________ mir ein Schimpfwort ________.
zuhören	Du ________________ mir genau ________.
anmachen	Wir ________________ den Fernseher ________.
nachrechnen	Mama ________________ meine Hausaufgaben ________.
weggeben	Wir ________________ alte Kleidung ________.
abschreiben	Paula ________________ einen Text ________.

Wortbausteine bei Nomen verwenden

Vorangestellte Wortbausteine können die Bedeutung von Nomen verändern.

Abfahrt, **Aus**fahrt, **Ein**fahrt

1 Lies die Nomen und kreise die vorangestellten Wortbausteine ein.

Abfall	Vorfall	Einfall	Überfall	Wegfall	Durchfall	Ausfall

2 Bilde mit den Wortbausteinen Nomen. Schreibe sie auf.

an ab aus auf nach vor über + Bau

Anbau,

an ab aus auf mit vor über + Fahrt

Anfahrt,

an ab auf mit vor über + Schrift

Anschrift,

Diktat 5: Wörter mit Wortbausteinen schreiben

1 Lies die Texte auf Seite 56. Wähle einen Text aus und kreuze an.

◯ Text 1 ◯ Text 2 ◯ Text 3

2 Lass dir den Text diktieren.
Übe mit einem Partnerkind oder nutze den QR-Code.

3 Kontrolliere deinen Text mit der Vorlage auf Seite 56.
Notiere deine Fehlerwörter.

So zufrieden bin ich:

Diktat 5: Texte

Text 1
In der Pause
Lisa und Simon spielen in der Pause.
Sie springen Seil und fangen sich.
Elsa möchte mitmachen und fragt.
Lisa und Simon reden leise.
Sie lassen Elsa mitspielen.
Elsa freut sich und macht mit.
Gemeinsam macht es noch mehr Freude.

Text 2
Gemeinsam kochen
Mama arbeitet und bleibt heute lange im Büro.
Opa kocht darum für die ganze Familie.
Papa bringt den Einkauf mit.
Niklas schneidet die Zutaten klein.
Elsa bereitet den Salat vor.
Oma hat einen guten Einfall und lacht.
Zum Nachtisch gibt es für alle Eis.

Text 3
Wir basteln
In der Schule schreiben, rechnen, lesen und singen wir.
Heute haben wir Kunst und basteln Blumen an Stäben.
Wir malen Blumen ab, schneiden sie aus
und kleben sie zu zweit an ein Holzstäbchen.
Nils malt die Blumen nicht sauber aus.
Er schneidet sie auch nicht so gut aus.
Er sucht seinen Kleber und findet ihn nicht.
Nils soll alles neu machen.
Er ist böse und zerschneidet seine Blumen in kleine Stücke.

Du willst noch mehr üben?
Hier findest du weitere Diktatsätze:

Nomen mit Umlauten schreiben: Mehrzahl mit ö, ü

Einige Nomen verändern sich in der Mehrzahl:

o wird ö: eine Tochter – viele Töchter

u wird ü: ein Bruder – viele Brüder

1 Lies die Nomen. Markiere **ö** und **ü**.

Körbe Köpfe Mütter Löcher Brüder Vögel Kühe

Knöpfe Köche Bücher Büsche Töpfe Öfen

Füße Züge Wölfe Früchte Röcke Stühle Hüte

2 Schreibe 11 Nomen aus Aufgabe 1 in der Einzahl und Mehrzahl auf. Markiere **ö** und **ü**.

Mehrzahl	Einzahl
viele Körbe	ein Korb

Nomen mit Umlauten schreiben: Mehrzahl mit ö, ü

1 Verändere die Sätze und schreibe auf.

An meiner Jacke fehlt ein Knopf.

An meiner Jacke fehlen viele Knöpfe.

Auf der Weide steht eine Kuh.

Mein Fuß ist nass.

Mein Strumpf hat ein Loch.

Stell bitte den Stuhl hoch!

Im Busch sitzt ein kleiner Vogel.

Heute fällt wieder ein Zug aus.

Ich habe ein Buch im Regal.

2 Schreibe weitere Nomen mit **ö** oder **ü** in der Mehrzahl auf.

Nomen kennenlernen: Mehrzahl mit ä

Einige Nomen verändern sich in der Mehrzahl.

a wird ä: eine Hand – viele Hände

1 Lies die Nomen. Setze Silbenbögen. Markiere **ä**.

Bäder	Äpfel	Hände	Länder	Gärten	Wälder
Bänke	Blätter	Dächer	Gräser	Hälse	Männer
Nächte	Plätze	Räder	Väter	Fächer	Bälle

2 Schreibe 12 Nomen aus Aufgabe 1 in der Einzahl und Mehrzahl auf. Markiere **ä**.

Mehrzahl	Einzahl
viele Bäder	ein Bad

Nomen kennenlernen: Mehrzahl mit ä

1 Verändere die Sätze und schreibe auf.

Ein Blatt liegt auf dem Boden.

Viele Blätter liegen ___

Ein Rad am Auto ist kaputt.

___

Ich fürchte mich in der dunklen Nacht.

___

Ich streiche die Wand in meinem Zimmer blau.

___

Meine Hand tut mir weh.

___

In einem Garten wachsen viele Blumen.

___

Im Park wird die Bank neu gestrichen.

___

Ein Ball muss ersetzt werden.

___

2 Schreibe weitere Nomen mit **ä** in der Mehrzahl auf.

___

___

Verkleinerungsformen mit ä, ö, ü kennenlernen

Einige Nomen verändern sich, wenn man sie
mit den Wortbausteinen **-chen** oder **-lein** verkleinert.

a wir ä: die Hand, das Händchen, das Händlein
o wird ö: die Tochter, das Töchterchen, das Töchterlein
u wird ü: der Bruder, das Brüderchen, das Brüderlein

1 Schreibe die Nomen mit **-chen** und **-lein** auf. Markiere **ä, ö, ü**.

	der Mund	das Mündchen, das Mündlein
	der Apfel	
	der Garten	
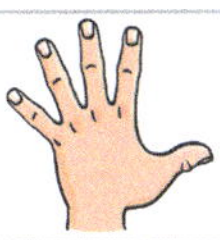	die Hand	
	der Vogel	
	der Kopf	
	der Hund	
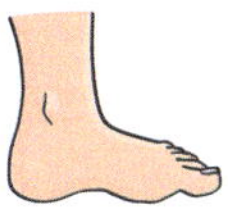	der Fuß	
	der Wald	
	der Hut	
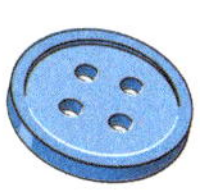	der Knopf	
	der Saft	

Personalformen von Verben kennenlernen

Bei manchen Verben ändert sich in einigen Personalformen der Wortstamm von **a** zu **ä**.

tragen – er trägt

1 Lies die Personalformen. Markiere den Wortstamm.

ich fange   du fängst   er/sie/es fängt   wir fangen   ihr fangt   sie fangen

2 Fülle die Tabelle aus. Markiere die Veränderung im Wortstamm.

ich	schlafe	brate	schlage
du	schläfst		
er/sie/es			
wir			
ihr			
sie			

ich	trage	wasche	halte
du			hältst
er/sie/es			
wir			
ihr			
sie			

Personalformen von Verben kennenlernen

1 Fülle die Tabelle aus. Markiere die Veränderung im Wortstamm.

ich	rate	grabe	schlage
du	rätst		
er/sie/es			
wir			
ihr			
sie			

2 Schreibe die richtige Personalform in den Satz.

vortragen	Inga trägt ein Gedicht vor.
ausgraben	Mein Hund ____________ einen Knochen ________.
verraten	Fritz ____________ mir Maylas Geheimnis.
vorschlagen	Mama ____________ einen Kompromiss ________.
abwaschen	Du ____________ heute das Geschirr ________.
aushalten	Opa ____________ den Lärm nicht ________.
anfangen	Levi ____________ mit den Hausaufgaben ________.
verschlafen	Mark ____________ den ganzen Film.
anbraten	Micas Onkel ____________ das Fleisch ________.
vertragen	Mila ____________ sich wieder mit Jonas.
vergraben	Pauls Hund ____________ seinen Lieblingsknochen.

Nomen kennenlernen: Mehrzahl mit äu

Einige Nomen verändern sich in der Mehrzahl.

au wird äu: eine Maus – viele Mäuse

1 Lies die Nomen. Markiere **äu**.

Bäume Bäuche Häuser Häute Kräuter Läuse
Mäuse Sträucher Zäune Räume Träume Schläuche

2 Schreibe die Nomen aus Aufgabe 1 in der Einzahl und Mehrzahl auf.
Markiere **äu**.

Mehrzahl	Einzahl
viele Bäume	ein Baum

Verben mit äu ableiten

Einige Verben werden mit **äu** geschrieben.
Sie haben ein verwandtes Wort mit **au** in der Wortfamilie.

träumen – der Traum

1 Verbinde die verwandten Wörter.

Traum	Schaum	sauber	Tausch	laut	Raum
schäumen	träumen	räumen	säubern	täuschen	läuten

2 Markiere die verwandten Wörter in der gleichen Farbe.

Schaum Raum schäumen Schaumbad aufräumen
einschäumen Räume Badeschaum ausräumen
räumen Nebenraum aufschäumen Räumerei Raumplan
du schäumst Schaumblase einräumen Vorraum

3 Schreibe die Wörter der Wortfamilien geordnet auf.

SCHAUM der Schaum, schäumen,

RAUM der Raum,

Verwandte Wörter finden und nutzen

Verwandte Wörter helfen, richtig zu schreiben:
Man schreibt **ä**, wenn es ein verwandtes Wort mit **a** gibt.
Man schreibt **äu**, wenn es ein verwandtes Wort mit **au** gibt.
Die Verwandten gehören zu einer Wortfamilie.

fangen – sie fängt, bauen – ein Gebäude

1 Markiere die verwandten Wörter in der gleichen Farbe.

bauen	träumen	Gebäude	anbauen	Traum	verträumt
Träumerei	Bauer	Bäuerin	du träumst	Träume	Bau

2 Schreibe die verwandten Wörter zusammen auf.

Hand obdachlos verhandeln zweihändig fangen Handlung Dach
Dächer handlich Hände einfangen du fängst bedacht Fänger
gefangen Gefängnis Dachdecker Dachrinne anfänglich Handschrift

HAND die Hand,

FANG

DACH

Diktat 6: Wörter ableiten

1 Lies die Texte auf Seite 68. Wähle einen Text aus und kreuze an.

◯ Text 1 ◯ Text 2 ◯ Text 3

2 Lass dir den Text diktieren.
Übe mit einem Partnerkind oder nutze den QR-Code.

3 Kontrolliere deinen Text mit der Vorlage auf Seite 68.
Notiere deine Fehlerwörter.

So zufrieden bin ich:

Diktat 6: Texte

Text 1
Im Herbst
Ich träume vom Herbst.
Die Bäume tragen bunte Blätter.
Die Körbe sind voll mit Früchten.
Es wird kälter.
An den Bäumen hängen viele Äpfel.
Unter den Büschen leben Mäuse.
Sie finden Körner von Gräsern.

Text 2
Im Herbst
Ich träume vom schönen Herbst.
Die Bäume tragen wieder bunte Blätter.
Die Körbe sind voll mit vielen Früchten.
Es wird jeden Tag etwas kälter.
An den Bäumen hängen viele Äpfel.
Unter den Büschen leben Mäuse.
Sie finden Körner unter den Gräsern.

Text 3
Im Herbst
Ich träume vom goldenen Herbst.
Die Bäume und Sträucher tragen wieder bunte Blätter.
Die Körbe und Säcke sind voll mit Früchten und Gemüse.
Es wird jeden Tag etwas kälter.
In den Gärten hängen viele Äpfel, Birnen
und Pflaumen an den Bäumen.
Bei den Zäunen und unter den Büschen leben kleine Mäuse.
Sie finden Körner und Samen von Gräsern.
Eine Maus trägt Körner in eines der vielen Löcher.

Du willst noch mehr üben?
Hier findest du weitere Diktatsätze:

Wörter mit V/v üben

Wörter mit **V/v** sind Merkwörter.

Vogel, Vase

1 Lies die Wörter. Markiere **V/v**.

Vater viel viele Vogel vier voll

vom von vor Vulkan Vase Vampir

November Verkehr Versuch versuchen

2 Schreibe die Wörter aus Aufgabe 1 ab. Markiere **V/v**.

3 Achtung Fehler! Schreibe das Fehlerwort dreimal richtig auf.

Der Wulkan bricht aus. Vulkan, Vulkan, Vulkan

Im Nowember ist es kalt. __________

Ein Fogel pickt Körner. __________

Mein Fater ist krank. __________

Ich habe fiele Freunde. __________

Das Heft ist foll. __________

Der Wampir schläft. __________

Nina wird fier Jahre alt. __________

Fiele Kinder mögen Eis. __________

Wörter mit V/v üben

Das **V/v** wird entweder wie **f** oder wie **w** gesprochen.
Vater, Vase

1 Male grün an: **V/v** wird wie **f** gesprochen.
Male gelb an: **V/v** wird wie **w** gesprochen.

Vater	von	voll	Versuch	viele
Vampir	vor	Vulkan	vier	Vogel
November	viel	Verkehr	Vase	versuchen

2 Schreibe die Wörter aus Aufgabe 1 geordnet auf.

V/v wird wie F/f gesprochen	V/v wird wie W/w gesprochen

3 Wähle drei Wörter mit **V/v** aus. Schreibe sie dreimal.

Wörter mit X/x üben

Wörter mit **X/x** sind Merkwörter.

Xylofon, Mixer

1 Lies die Wörter. Markiere **X/x**.

boxen Hexe Lexikon mixen Text hexen

Mixer Nixe Axt Taxi Boxer Xylofon

2 Schreibe die Wörter. Markiere **X/x**.

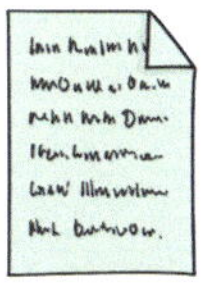	Text

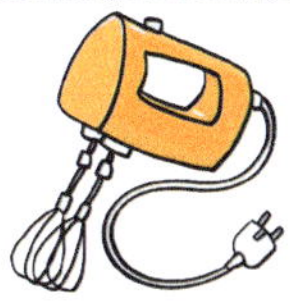	

3 Schreibe in der Ich-, Du- und Er-Form. Markiere **x**.

boxen	ich boxe, du boxt, er
mixen	
hexen	

Wörter mit X/x üben

1 Schreibe die Nomen in der Mehrzahl auf.

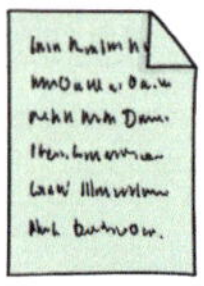	viele Texte

	viele Lexika

Die Mehrzahl von Lexikon muss man sich merken.

2 Ergänze in den Sätzen Wörter mit **X/x**.

Lea ____________ sich mit dem ____________ einen Fruchtsaft.

Der ____________ nimmt am Bahnhof ein ____________.

Marc schreibt einen ____________ über ein ____________.

Eine ____________ heißt auch Meerjungfrau.

Papa spaltet Holz mit seiner ____________.

Im ____________ suche ich Informationen.

Im Hexenhaus ____________ die ____________ einen Hexentrank.

Du spielst auf dem ____________.

Wörter mit Y/y üben

Wörter mit **Y/y** sind Merkwörter.

Ypsilon, Pony

1 Lies die Wörter. Markiere **Y/y**.

Baby Teddy Handy Pony Ypsilon Xylofon

2 Ergänze in den Sätzen Wörter mit **Y/y**. Markiere **Y/y**.

Das  Baby __________ schreit. Es hat Hunger.

Ich nehme den  __________ mit ins Bett.

Mamas  __________ klingelt in der Tasche.

Ich striegele das  __________.

Das  __________ ist der vorletzte Buchstabe im Abc.

Ich kann ein Lied auf dem  __________ spielen.

3 Schreibe jedes Wort mit **Y/y** zweimal.

Baby	Teddy	Handy

Pony	Ypsilon	Xylofon

Häufigkeitswörter üben

Häufigkeitswörter sind meistens kurz und kommen häufig in allen Texten vor. Man muss sich ihre Schreibweise **merken**.

1 Lies die Wörter. Markiere schwierige Stellen.

ab	am	an	auf	aus	bald	bin	bei
dann	denn	der	die	dies	dort	durch	
ein	einmal	eins	er	es	für	hat	hier
im	in	ist	mit	nie	nur	sie	sind
und	viel	vom	von	vor	war	wenig	wie

2 Schreibe die Wörter geordnet auf.

7 Wörter mit ie	
9 Wörter mit r	
4 Wörter mit v	viel,
3 Wörter mit d am Ende	
1 Wort mit g am Ende	
1 Wort mit b am Ende	ab
2 Wörter mit Doppelkonsonanten	
2 Wörter mit au	
4 Wörter mit ei	

Häufigkeitswörter üben

1 Markiere die Häufigkeitswörter im Text.

Es wird bald dunkel. Auf der Straße gehen die Laternen an. Dies ist unser Zeichen. Wir müssen nach Hause gehen. Es war sehr schön auf dem Spielplatz. Hier wird es nie langweilig. Wir haben gebuddelt, sind geklettert, haben geschaukelt und gewippt. Nur einmal hat uns ein größerer Junge geärgert. Eine Frau hat das gesehen. Sie hat uns geholfen. Vom Klettergerüst aus kann ich den Fluss sehen. Es fahren dort eine Menge Schiffe. Nina hat die Haarspange im Sand verloren. Auf einmal war sie weg. Morgen finden wir sie bestimmt wieder. Für morgen haben wir uns schon verabredet. Wir treffen uns dort am Nachmittag.

2 Kennst du noch weitere Häufigkeitswörter? Schreibe sie auf.

3 Setze passend ein: **den** oder **denn**.

Hast du __________ Schirm gesehen? __________ habe ich wohl verloren.

Ich esse __________ Kuchen, __________ ich habe großen Hunger.

Kennst du __________ Jungen? __________ habe ich hier schon öfter gesehen, __________ er ist nebenan eingezogen.

Ich kann __________ Sack nicht tragen, __________ er ist zu schwer.

Hast du __________ keinen Hunger? Ich habe extra __________ Tisch gedeckt, damit wir zusammen essen.

Häufigkeitswörter üben

1 Setze die Wörter passend in die Sätze ein.

nie er ist
Wenn ich anrufe, ______ ______ ______ zu Hause.

wenig an der
______ ______ Kasse war heute ______ los.

bin bei bald
Ich ______ ______ ______ meinen Großeltern.

vom einmal auf
______ ______ fiel etwas ______ Dach.

es wie im war
______ ______ ______ ______ Schwimmbad?

im durch den
Ich gehe ______ Herbst gern ______ ______ Wald.

bei hier es ist
______ ______ euch ______ ______ sehr schön.

hat sie viel vor
______ ______ heute Nachmittag ______ ______.

Häufigkeitswörter üben

1 Schreibe jedes Wort mehrmals in verschiedenen Farben.
Markiere die schwierige Stelle.

ab	ab ab ab ab
bald	
und	
sind	
nie	
wie	
viel	
vom	
von	
vor	
denn	
dann	

2 Schreibe mit den Wörtern aus Aufgabe 1 Sätze.

Häufigkeitswörter üben

1 Sortiere die Häufigkeitswörter von Seite 74 nach dem Abc.

Wörter mit	
a	
b	
d	
e	
f	
h	
m	
n	
s	
u	
v	
w	

2 Kennst du noch weitere Häufigkeitswörter?
Schreibe sie in die Tabelle.

3 Schreibe Sätze mit möglichst vielen Häufigkeitswörtern.

Diktat 7: Wörter merken

1 Lies die Texte auf Seite 80. Wähle einen Text aus und kreuze an.

◯ Text 1 ◯ Text 2 ◯ Text 3

2 Lass dir den Text diktieren.
Übe mit einem Partnerkind oder nutze den QR-Code.

3 Kontrolliere deinen Text mit der Vorlage auf Seite 80.
Notiere deine Fehlerwörter.

So zufrieden bin ich:

Diktat 7: Texte

Text 1
Auf dem Spielplatz
Es wird bald dunkel. Auf der Straße sind die Laternen an.
Dies ist unser Zeichen. Wir müssen nach Hause.
Es war schön auf dem Spielplatz.
Hier wird es nie langweilig.
Nur einmal hat uns ein Junge geärgert.
Eine Frau mit einem Baby hat das gesehen.
Sie hat uns geholfen.

Text 2
Auf dem Spielplatz
Es wird bald dunkel. Auf der Straße sind die Laternen an.
Dies ist unser Zeichen. Wir müssen nach Hause.
Es war schön auf dem Spielplatz. Hier wird es nie langweilig.
Nur einmal hat uns ein Junge geärgert.
Eine Frau mit einem Baby hat das gesehen.
Sie hat uns geholfen. Dann hat sie das Handy verloren.
Auf einmal war es weg. Wir haben es gesucht.
Nina hat es gefunden.
Die Frau hat uns Geld für ein Eis gegeben.

Text 3
Auf dem Spielplatz
Es wird bald dunkel. Auf der Straße sind schon die Laternen an.
Dies ist unser Zeichen. Wir müssen nach Hause gehen.
Es war schön auf dem Spielplatz. Hier wird es uns nie langweilig.
Nur einmal hat uns ein Junge geärgert.
Eine Frau mit einem Baby hat das gesehen.
Sie hat uns geholfen. Dann hat sie das Handy verloren.
Auf einmal war es weg. Wir haben es gesucht.
Nina hat es im Sand gefunden.
Die Frau hat uns Geld für ein Eis gegeben.
Morgen spielen wir wieder dort.

Du willst noch mehr üben?
Hier findest du weitere Diktatsätze: